AF469878

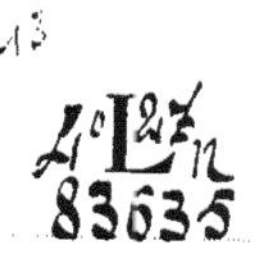

OCTAVE MIRBEAU

ARISTIDE MAILLOL

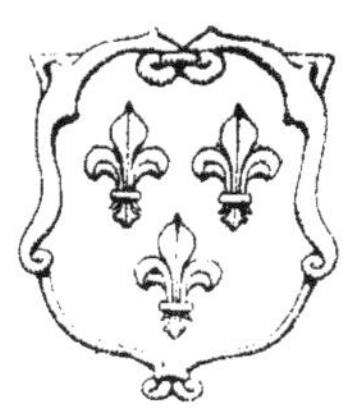

AUX ARMES DE FRANCE
SOCIÉTÉ DES DILETTANTES
PARIS

ARISTIDE MAILLOL

Ce volume a été tiré à trois cents exemplaires numérotés à la presse, dont cinquante sur japon numérotés de 1 à 50.

OCTAVE MIRBEAU

ARISTIDE MAILLOL

AUX ARMES DE FRANCE

SOCIÉTÉ DES DILETTANTES
PARIS

I

Dès le lendemain de la mort d'Emile Zola, la Ligue des Droits de l'Homme et du Citoyen prit l'initiative d'une souscription publique, en vue d'élever un monument à la gloire du grand écrivain. Une commission — dite commission technique — fut nommée, qui se chargea de mener à bien ce pieux projet. Il y avait, naturellement, beaucoup de candidats, et chacun proposait le sien. Je proposai Aristide Maillol. Après plusieurs séances dont je garderai toujours le souvenir si triste et si comique à la fois, ce fut Constantin Meunier qui l'emporta. Par trois fois, très honnêtement et pour des raisons excellentes, Constantin Meunier avait refusé ce périlleux honneur. Mais on insista lourdement, on lui envoya des délégations à Bruxelles, bref, on lui força la main. Et on eut tort... Et il arriva ce qui devait fatalement arriver... Il paraît que ce monument, aujourd'hui achevé, ne satisfait ni Constantin Meunier, ni M. Alexandre Charpentier, qui s'était offert comme collaborateur, ni la commission, ni personne. Et l'affaire en est là (1). J'ai bien peur qu'elle y soit longtemps, et que, par malheur, le monument d'Emile Zola n'y soit jamais.

Je voudrais, à cette occasion, parler un peu d'Aristide Maillol, esquisser pour ceux qui les aiment et aussi pour ceux qui les ignorent, sa physionomie si curieuse, sa vie si claire, son œuvre si belle.

---

(1) Depuis que ces lignes ont été écrites, Constantin Meunier est mort, Charpentier est mort ; Victor Rousseau, qui remplaça Charpentier, est mort également. Je ne sais où en est l'affaire du monument de Zola.

II

Malgré toutes les prudentes réserves, dont j'avais pris soin d'entourer son espoir, Maillol espérait réellement que le monument d'Emile Zola lui serait confié. Cette éventualité que je considérais comme un miracle, il l'acceptait, lui, sans étonnement, pour une chose naturelle et juste. Sans la moindre pensée d'orgueil, naïvement, gentiment, il disait : « On n'a pas encore songé à moi, c'est bien le moins qu'on y songe enfin. » Car il ne savait pas — et le sait-il, maintenant, davantage ? — qu'il existe des commissions d'art qui distribuent des commandes et, souvent, décident ainsi de l'avenir d'un artiste ; il ne savait pas ce qu'elles sont, ce qu'elles font, à quel genre de préoccupations bizarres elles se livrent, à quels mobiles, si totalement étrangers à l'art, elles obéissent. Il savait seulement son désir, depuis longtemps caressé, de faire quelque chose qu'il n'eût pas fait encore. Mais entre le désir et la réalisation du désir, il ignorait qu'il y eût des mondes, et des mondes... Et, moi qui savais pourtant, je me disais, gagné à la confiance par tant de confiance, qu'il arriverait bien un jour — puisque tout arrive — où une commission, délaissant enfin les chemins battus, s'engagerait — ne fut-ce qu'une fois — sur la route libre où elle avait toutes les chances de rencontrer la Fantaisie exquise et la Beauté. Il me semblait même que cette commission exceptionnelle serait précisément celle à qui Emile Zola n'avait pu manquer de donner un peu de son âme résolue, militante et généreuse. Hélas ! je serai toujours bon garçon.

« Oui, parbleu ! m'écrivait Maillol, je me sens la force d'entreprendre ce gros travail. Il ne m'effraie pas ; bien au contraire, il me rassure. J'y mettrai toute mon ardeur, j'y emploierai toutes les idées que, faute d'une occasion offerte jusqu'ici, et, surtout, faute d'argent, je dois garder en moi, et qui me démangent. Et qu'on me livre un jardin, un grand jardin, et je le peuple aussitôt de statues qui chanteront la vie, l'œuvre, l'acte de Zola immortellement, parmi les fleurs... Car je suis aussi jardinier, vous le savez. »

Il m'envoyait des croquis de projets grandioses. Chaque fois, tout en admirant les ressources de son art inventif, j'étais bien obligé de le ramener à la réalité de la situation financière, qui ne comportait qu'un crédit de quatre-vingt-dix mille francs. A quoi il répondait :

— L'argent?... vous pensez bien que je me moque de l'argent. Je n'en ai jamais eu... et n'en désire pas, et ne veux point gagner un centime sur cette affaire-là... Je tâcherai seulement qu'elle ne m'obère pas trop dans l'avenir. L'important est que je travaille et que ce soit beau, autant qu'il est en moi... n'est-ce pas?

Il avait attendu ce travail avec enthousiasme; il sut y renoncer sans amertume, avec une philosophie souriante.

« Ce sera pour une autre fois, m'écrivait-il encore... Je suis tout de même bien content de ce qui est arrivé... car j'ai travaillé avec acharnement, et vous verrez, à mon retour, que j'ai avancé, un peu plus loin, dans mon art... C'est le principal. »

En effet, de cette période d'espoir, il reste une quantité de projets, de fortes études de torses, de mouvements, de groupements de figures, des essais d'ornements, toute une série d'admirables dessins que j'aurais pu communiquer à la commission... C'était de l'art, de l'art pur, grand, puissant, exquis, austère, de la force, de la joie, de la grâce... un enchantement, un miracle de goût... A quoi cela eût-il servi, grand Dieu ? Et pourquoi exposer, une fois de plus, le pauvre Maillol à des commentaires désobligeants, à des railleries qui n'auraient même plus, pour nous, la drôlerie de l'imprévu ?... Ah ! ma foi, non !

III

Aristide Maillol est né à Banyuls, au milieu d'un beau paysage ensoleillé qui va se découpant sur la mer en une infinité de petites criques argentées et bruissantes. Son enfance et sa première jeunesse s'écoulèrent, paisiblement, parmi les oliviers, les vignes, et les travaux des champs, dans ce coin des Pyrénées-Orientales, que ne désole point l'horreur déprimante des montagnes. Les lignes onduleuses, les formes souples, pleines, de la terre doucement vallonnée, qui mettent, sans cesse, sous ses yeux, comme une évocation des antiques paysages arcadiens lui furent, certainement, à son insu, toute une éducation. Du plus loin qu'il se souvienne, sans que personne le lui ait inspiré, il éprouve comme un grand désir d'art, comme un besoin ardent de création. Tout lui est bon, — terre, pierre, bois, métal, — pour donner une expression concrète à tout ce qui s'agite de vague, mais d'impérieux, dans sa tête et dans ses doigts. L'artiste exceptionnel qu'il deviendra un jour, se forme, peu à peu, se développe, s'affine dans le petit ouvrier ingénieux et adroit qu'il est déjà... J'ai vu, de ces commencements, quelques morceaux de bois taillé, quelques ornements, creusés, avec un couteau naïf, dans la planche dure et la plaque de cuivre. Parmi des gaucheries nécessaires, et des ignorances charmantes, se dessine, très nettement, son goût pour les belles lignes, pour les arrangements logiques et simples, son goût tout court, ce goût qui caractérise la moindre de ses œuvres, — statuette, pot, gravure, ouvrage de vannerie, étoffe brodée, tapisserie, — par un accent si émouvant, si différent, toujours. En même temps que sa main s'assouplit, son cerveau travaille, son esprit fermente. Il veut savoir et comprendre le mécanisme intérieur de cette nature prodigieuse, dont il écoute, avec respect, les battements de vie, et au milieu de laquelle il marche de plus en plus émerveillé. Tout seul, sans autre guide que lui-même, il parvient à se faire une culture, sommaire, certes, mais précise, très saine, que pourraient lui envier les jeunes bourgeois de la ville, à qui furent prodigués tous les trésors de l'instruction. Chose curieuse et significative... Bien qu'il habite à quelques portées de fusil de la frontière espagnole, l'Espagne ne l'attire pas. Il la trouve trop sombre, trop tragique, trop compliquée ; il se défie de son âme violente et farouche, autant que de son lourd clinquant romantique. Ses préférences naturelles, son rêve de clarté, l'emportent, à l'opposé, vers l'Est, d'où lui vient le soleil, vers Marseille, la gaie, vibrante, admirable Marseille. Là, du moins, survit un peu de la beauté antique. Il la rencontre partout, dans le pittoresque tumultueux et coloré du port, dans les rues grouillantes, dans le mouvement d'une existence intérieure, à la fois lyrique et réaliste, expansive et rusée, énergique et indolente, et dans la mer, fleurie d'îles dorées, et dans la noble campagne que foula le pas des Dieux. A Marseille où, de temps à autre, il fait des fugues profitables, il ébauche de précieuses amitiés, se lie avec Elémir Bourges qui fut un des premiers à le comprendre, l'aimer, l'encourager. Puis, sans abandonner sa petite maison et son champ de vignes de Banyuls, auxquels tant de souvenirs l'attachent et qu'il garde pour la joie des retours, il vient un beau soir à Paris, non dans le but de le conquérir, comme tant d'autres, mais pour toutes les ressources, pour les facilités uniques qu'il offre à l'avide curiosité de ceux-là qui veulent travailler et s'instruire.

A cette époque, Aristide Maillol a un peu touché à tout et ne s'est réellement spécialisé à rien. C'est la période difficile du tâtonnement. Il a le choix, d'ailleurs, car tout l'intéresse passionnément, et déjà il n'est inférieur à aucune besogne. Il sait modeler, peindre, tailler le marbre, sculpter le bois, ciseler le bronze, forger le fer, fondre le plomb et l'étain, tourner et orner un pot, cuire et émailler la terre au feu des fours, dessiner sur la pierre, graver sur le bois, mordre à l'acide la plaque de cuivre. Mal outillé, presque sans argent, ignorant les techniques diverses de ses divers métiers, il parvient, par l'intuition, ou sur des données vagues, à les reconstituer, et, pour ainsi dire, à les inventer. Aucune difficulté ne l'arrête; il faut qu'il en triomphe, et cela sans jamais un découragement, une plainte, une colère, avec gaîté toujours. Justement, avant son arrivée à Paris, Maillol avait entrepris un travail considérable, une grande tapisserie : *la Musique*... Sachant qu'il ne pouvait se fier à la laine du commerce, qui est mauvaise et infidèle, il avait préparé et teint la sienne au moyen de produits obtenus par lui, et dont il avait éprouvé l'inaltérable solidité. Je signale ce trait, afin de montrer jusqu'où Maillol pousse la conscience. Cette tapisserie, on n'osa pas la refuser au Salon du Champ-de-Mars, et elle fut acquise par Mme la princesse Brancovan. Le sujet en est simple et infiniment gracieux. Dans un jardin merveilleusement fleuri, sous des arbres aux branches balancées, des femmes assises, des femmes et non des muses, jouent de la viole, de la cithare, de la harpe. Ce petit paysan pyrénéen est déjà un grand charmeur. Il n'est pas possible de rêver une atmosphère, un décor de joie et de paix plus délicieux, des formes plus élégantes, des attitudes plus sereines, une suavité de tons d'une plus frissonnante et harmonieuse blondeur. La foule n'y comprit rien et la critique, naturellement, passa, sans la voir, devant cette œuvre exquise où, par bonheur, s'était arrêté le regard d'une femme artiste et sensible. En même temps, quelques jeunes peintres, éblouis de cette composition et de cette exécution où se révélaient un tel tempérament et une grâce si nouvelle, s'inquiétèrent d'en connaître l'auteur. Et c'est ainsi que Maillol entra dans un cénacle de précieux artistes, d'une haute culture intellectuelle et morale, les Vuillard, les Bonnard, les Roussel, les Valtat, les Maurice Denis, qui, comme lui, loin des arrivismes grossiers et des salissantes réclames, avec la même foi ardente, profonde et réfléchie, mais avec des sensibilités différentes, renouvellent l'art de ce temps et ajoutent une gloire à ses gloires.

Aujourd'hui, Aristide Maillol a trente-cinq ans. Et ces trente-cinq ans n'ont rien entamé, rien flétri de sa jeunesse. Avec son visage effilé, son œil vif toujours en mouvement, son nez aigu et flaireur, ses allures souples, déliées et prudentes, il ressemble à un jeune loup. Directement issu du peuple, il n'a jamais rien renié de ses origines nobles de paysan... Au contraire, il s'en pare. Du peuple, il a conservé la force vierge, la ténacité robuste, la confiance naïve, l'adresse corporelle, l'existence sobre et pure. Il est pauvre, fier et joyeux. Son accueil exprime une franchise cordiale, une sécurité hospitalière, un charme, à la fois doux et rude, qui imposent. Son âme est claire, comme celle de quelqu'un que n'ont jamais troublé les mauvais désirs. Il parle, avec un accent méridional, pittoresquement et joliment, et ce qu'il dit est simple, fort, juste, coloré et demeure dans l'esprit. Je crois bien que je n'ai pas encore rencontré, chez un homme, moins d'apprêt, moins d'artifice, plus de grâce naturelle et vraie. A force de se montrer tel qu'il est, il exerce à son insu, par la seule vertu conquérante de sa conviction, une grande autorité sur ses amis... Quelquefois, il a des naïvetés, des enthousiasmes hors la règle, et hors la vie, qui enchantent, par leur spontanéité savoureuse. Un jour, dans l'atelier d'Edouard Vuillard, il admirait une toile que celui-ci venait de terminer : « Je la prends, dit Maillol, et je la porte au Louvre immédiatement. » Il fut très désappointé et furieux, quand il apprit toutes les histoires comiques dont s'accompagne l'acceptation d'un chef-d'œuvre, et que le Louvre n'appartenait pas aux artistes, mais aux ronds-de-cuir des Beaux-Arts. Il ne voulait pas croire à un tel scandale... On l'aime, dès qu'on l'a vu, on le chérit et on l'admire, dès qu'on le connaît davantage :

— Quand j'ai passé deux heures avec Maillol, me disait un peintre inquiet... je m'en vais, entièrement rassuré, et j'emporte de la sécurité, de la sérénité pour plusieurs jours.

Il a beaucoup travaillé à toutes sortes de choses et si obscur, si inconnu qu'il soit resté pour la foule, et pour les éducateurs de la foule, il a tout de même vécu de son travail... Oh ! pas très somptueusement, mais avec dignité. Bien qu'il ait gardé la passion amusée de soumettre toutes les matières à sa volonté d'artiste, si étonnamment polymorphe, il semble, ces dernières années, s'être voué presque exclusivement à la pure statuaire.

Disons-le bien haut, aujourd'hui que la plupart des sculpteurs ne modèlent pas, qu'ils trouvent plus facile et moins onéreux le moulage sur nature, le fait d'être, réellement, un sculpteur — même un mauvais sculpteur — est devenu assez rare. Maillol en est un, et même un très bon. Mais le métier est terriblement lourd à qui n'a que très peu de commandes et pas d'argent. L'achat des matières premières, les modèles, les fontes, les cuissons, les praticiens, les moules, nécessitent des dépenses considérables, exigent, d'ordinaire, de si grosses avances de fonds, qu'il est interdit au sculpteur pauvre d'exécuter, de réaliser, comme il faudrait, ses conceptions, si elles n'ont pas une destination préalable rétribuée, et si lui-même ne jouit pas d'un crédit, hélas ! si chimérique. S'il veut transgresser ces obstacles il lui arrive ce qui, dernièrement, malgré son ingéniosité habituelle, arriva au pauvre Maillol. Ayant modelé un groupe important de trois figures, il fut obligé de quitter Banyuls, sur-le-champ, et de venir à Paris... Quand il rentra chez lui, de ces figures il ne restait plus rien, rien que de la poussière éparse dans son atelier... Faute d'avoir été maintenues humides, elles s'étaient fendues, détachées, brisées... D'un coup, il avait perdu l'espoir que lui donnèrent six mois de travail acharné... C'était à recommencer...

Aussi a-t-il dû restreindre sa production à des œuvres, de grandeur moyenne, dont il peut aisément assurer la conservation. Mais il n'importe. Elles sont là... elles vivent... et elles attestent, éloquemment, par leur beauté, que Maillol est un maître incomparable de la statuaire moderne. Aucun, à notre époque, — et je ne parle pas de son goût qui y ajoute une valeur morale considérable, et leur donne une qualité unique d'émotion — ne possède un métier plus gras, plus souple, plus *nombreux;* aucun n'a compris, comme lui, que la sculpture ne saurait être la figuration sentimentale ou réaliste des accidents passagers et des fictions populaires..., aucun mieux que lui, avec ses statuettes, n'a compris et montré ce que, par sa pesanteur même, par son immobilité sur les socles et son incorporation aux façades des monuments, elle a mission d'exprimer ; c'est-à-dire la majesté de la matière et la splendeur immortelle de la forme...

Rien qu'à ce point de vue, ses statues, si petites qu'elles soient, sont d'indiscutables, d'absolus, de définitifs chefs-d'œuvre. Et je suis convaincu que, bientôt, elles seront recherchées par les collectionneurs, comme un des plus précieux exemplaires de l'art de notre temps. Il suffit qu'on puisse les voir quelque part... Un soir, chez moi, Auguste Rodin étudiant longuement, tournant et retournant dans sa main une figure de Maillol, me dit :

— Maillol est un sculpteur aussi grand que les plus grands... Il y a là, voyez-vous, dans ce petit bronze, de l'exemple pour tout le monde ; aussi bien pour les vieux maîtres, que pour les jeunes débutants... Je suis heureux de l'avoir vu... Si le mot génie, improprement appliqué à tant de gens, aujourd'hui, a encore un sens, c'est bien ici... Oui, Maillol a le génie de la sculpture... Il faut être de mauvaise foi, ou très ignorant, pour ne pas le reconnaître. Et quelle sûreté dans le goût !... Quelle intelligence de la vie, dans le simple !... Ça n'arrête pas le passant, parce que le passant passe et ne s'arrête jamais devant ce qui est simple. Il croit que l'art doit être une chose compliquée et incompréhensible... Il ne s'arrête que devant ce qui accroche, malhonnêtement, sa curiosité... Et précisément, ce qu'il y a d'admirable en Maillol, ce qu'il y a, pourrais-je dire, d'éternel, c'est la pureté, la clarté, la limpidité de son métier et de sa pensée ; c'est que, en aucune de ses œuvres, du moins en aucune de celles que j'ai vues, rien, jamais, n'accroche la curiosité du passant. Alors, comment celui-ci pourrait-il s'arrêter et s'émouvoir?... Oui, vraiment, c'est dommage qu'on ne lui ait pas donné à faire le monument Zola... Il est probable que c'eût été très beau...

Et remettant à sa place, dévotement, la statuette, il ajouta, avec un sourire qui exprimait toute sa joie de rendre hommage à un talent dont nul, mieux que lui, ne pouvait comprendre la bonne éducation, la perfection technique et sentir l'intense frémissement de vie :

— Evidemment, voilà du temps perdu et pour lui, et pour nous... Mais soyez sûr qu'il retrouvera, prochainement, une autre occasion... On parle déjà beaucoup de lui, dans notre milieu... On le discute; donc il intéresse... Et c'est ce qu'il faut... Si bas que soit tombé le goût public, je suis tranquille sur l'avenir d'un tel homme... Voyez-vous, l'art porte en soi une telle force d'expansion lumineuse, qu'il finit toujours par rayonner à travers les ténèbres accumulées de l'ignorance et de la sottise... Quelque mauvaise

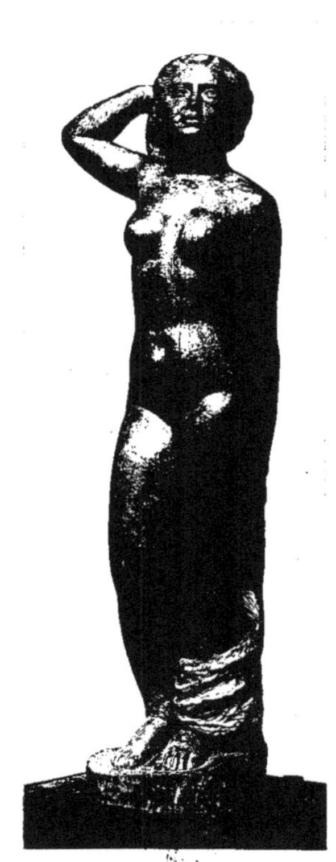

grâce qu'on mette, partout, à reconnaître que le génie peut être contemporain..., ça finit, tout de même, par se savoir... Ça se saura, bientôt, pour Maillol...

V

Comme quelques artistes supérieurs, comme Claude Monet qui, cinquante fois, peint le même motif — *les Peupliers, la Tamise, les Cathédrales, les Meules, les Eaux fleuries* — mais, à des heures différentes du jour, et par conséquent, cinquante fois, en renouvelle le drame, en diversifie l'émotion ; comme Degas, qui s'acharne sur la même danseuse, sur son même visage décharné, sur sa même ossature sèche et pointue, ses mêmes bras longs et maigres, ses mêmes jambes nerveuses, et de tout cela tire sans cesse des variations si étonnantes et si dissemblables, comme Renoir qui, en ses toiles éblouissantes, élève à la belle fille de France, à sa puissante carrure, à son nez mobile et futé, ses lèvres sensuelles, sa poitrine fleurie d'une chair merveilleuse, la gloire classique et impérissable qu'eut la belle fille de Grèce, sous le ciseau de ses statuaires divins, Aristide Maillol a, pour ainsi dire, limité son idéal à un seul type de femme. Ce type est pris, chez nous, en pleine race, en pleine santé de la race, dans le peuple, qui est le musée où se conserve encore la pureté de la forme ethnique. Cette femme qu'il a choisie à l'encontre du goût équivoque qu'étale, trop souvent, la sculpture contemporaine, n'est ni mièvre, ni languide, ni malade. Elle n'est pas la proie des désirs malsains et stériles, la dupe des intellectualités anormales... Son corps, que vivifient de larges ondées d'un sang jeune et pur, le vice ne l'a point marqué de flétrissures précoces, ni de tares luxurieuses... Elle ne rêve pas, n'a jamais rêvé, mais elle vit intensément, normalement, dans la nature, dont elle est, en quelque sorte, le symbole de joie et de santé... De même que la femme de Renoir, à qui nous pouvons plastiquement la comparer, la femme de Maillol est robuste, flexible et ronde. Casquée de cheveux doux, qui se relèvent hardiment sur

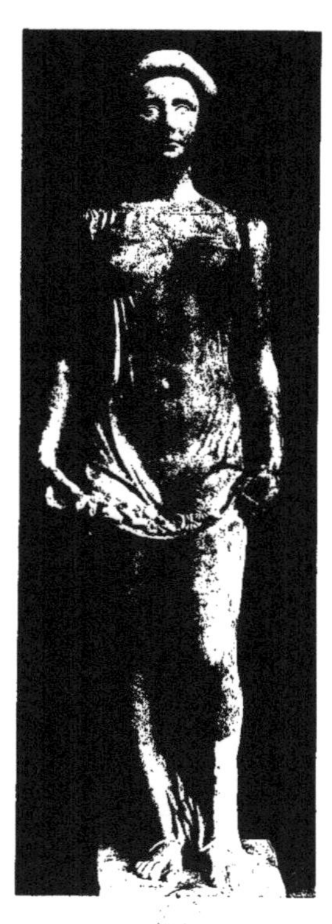

le front et dégagent la nuque puissante, elle dresse sur un cou large son joli visage clair, d'une animalité souriante, délicieuse. Des bras pleins, charnus, polis, dont les molles articulations, la souplesse élastique doivent faire énergique, et si tendre leur étreinte, s'attachent à des épaules fines, grasses, d'une inflexion lente, d'un contour adorablement délié, de splendides épaules, où se caresse, légère et mouvante, l'ombre satinée des méplats. Les seins, haut plantés, ont la rondeur orgueilleuse de deux beaux fruits. Elle est fortement sexuée. Et ses pieds laissent au sol qu'ils foulent une agile et solide empreinte de réalité humaine. Tout en elle est puissant, plein, ferme et rond, mais rond comme sont ronds les bourgeons et les bulbes, comme sont ronds les œufs, comme est rond tout ce qui contient une force et un germe. Entre les lignes d'une ondulation harmonieusement contrepartisée, sur l'ossature strictement équilibrée, le muscle joue avec liberté, bande et débande ses ressorts, sans jamais affleurer à la surface en renflements grossiers qui exagèrent la forme jusqu'à l'enlaidir, jusqu'à l'abolir. On sent la vie y affluer, à pleines veines, charrier ses sèves, attiser son brasier, régler son mécanisme avec une précision merveilleuse. Et sur tous les membres, aux impulsions libres, aux détentes moelleuses, sur tous les organes qui battent d'un mouvement coordonné, la peau se tend, fraîche, douce, très lisse, étoffe délicate et frissonnante, épousant de son grain soyeux et fidèle les formes, discrètement, simplifiant à force de détails, les plans multipliés, unifiant, à force de tons juxtaposés, les mille reflets qui la modèlent, qui la colorent, et qui ne laissent sur les surfaces vibrantes et respirantes, sur les contours sinueux, qu'une impression de tant de caresses fondues en un seul baiser.

Qu'elle soit nue, lumineusement, glorieusement nue, ou bien drapée de voiles légers, de tuniques souples qui accusent ou frôlent de leurs plis flottants les rondeurs adorables de son corps; qu'elle soit debout, droite, ou cambrée, penchée sur une fontaine ou sur une fleur, à demi étendue, assise, accroupie, couchée ; qu'elle soit à sa toilette, à son miroir, à son caprice, à son amour; qu'elle danse, qu'elle chante, qu'elle joue enfantinement, sur le sable, avec un crabe; qu'elle marche dans les allées d'un jardin; qu'elle glisse comme Amphitrite, frangée d'écume, sur les eaux émerveillées, ou, comme Léda, qu'elle ouvre au désir ses belles cuisses rondes et puissantes, la femme de Maillol est chaste, ardente, auguste. Elle donne l'idée de la force, de la plénitude de la chair, parce qu'elle donne l'idée de la vie, parce qu'elle est la vie. Et, comme dans la vie harmonieuse et complète, la force s'y tempère, et, en même temps, s'y augmente de grâces infinies, d'élégances spontanées et naturelles. Une séduction étrangement pénétrante, s'y mêle, dont le charme féminin reste incomparable et unique. La sensualité qui rôde autour de sa peau si douce, de ses membres si souples, a la franchise exquise, robuste et limpide de la fleur, des jeunes branches et du matin. De tout elle s'exhale et monte vers nous un parfum de printemps, car le printemps, si joli, si frais et si rose, est fort, lui aussi, et d'une force si invincible, si ardemment créatrice, qu'il renouvelle, chaque fois, et fait refleurir, dans une explosion soudaine, toute la nature... Etant saine de corps, elle n'a point l'âme compliquée et tortueuse. Elle est aussi loin de se montrer perverse, que sottement pudique. Amoureuse, certes, puisqu'elle est femme et très femme. Mais sa complexion physique, sa perfection de moule humain la destinent autant et plus qu'à l'amour, peut-être, à la maternité. Elle est vraiment la joie de l'amour, mais elle est aussi la matrice large, profonde, sacrée, génératrice, où la vie s'élabore, la source de chair, de sang et de lait, où la forme va naître et se répandre ensuite, dans les jardins du monde. On la reconnaît entre toutes les autres... Elle ne diffère d'elle-même que par le mouvement que l'artiste lui donne, l'action où il la place, la lumière où il la baigne. Mais elle diffère autant que diffèrent entre elles les passions qui l'agitent, les forces qui la mènent, les émotions qui déterminent ses attitudes, ses gestes, les frissons de son âme et de sa peau. C'est la même femme, et c'est chaque fois, comme toutes les femmes, d'ailleurs, une femme nouvelle... C'est la femme de Maillol, c'est-à-dire un apport nouveau fait à la statuaire de notre temps, un nouveau trésor de formes admirables et vivantes, offert par un grand, mâle et exquis artiste, à notre art français et à l'art.

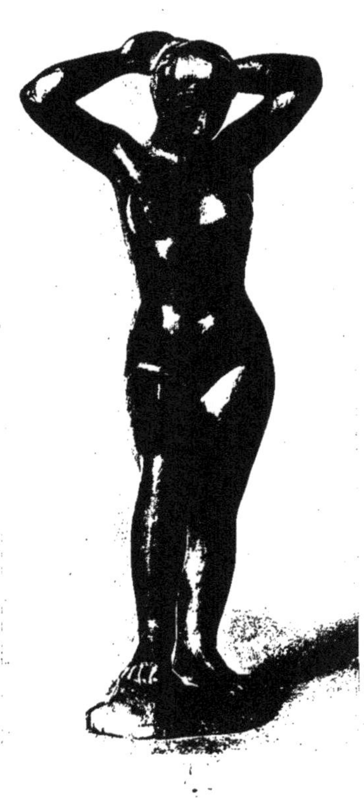

Deux reproches capitaux furent adressés à Maillol par les esthéticiens bien modernes, qui composaient la majorité de la commission Zola. Maillol n'était pas un tempérament original et copiait servilement les Grecs ; d'autre part, il ne savait absolument pas modeler, négligeait les plans nécessaires qu'il effaçait sous une rondeur uniforme et enfantine, ce qui revenait à dire : « Maillol n'est pas un sculpteur, ce n'est pas même un artiste. Ce n'est rien du tout ». Et ces reproches furent repris, avec fidélité, par quelques suiveurs désireux d'étaler une opinion collective sur cet artiste qu'ils ignoraient totalement la veille, et plus encore, si l'on peut dire, le lendemain... C'est dans l'ordre ordinaire des choses... il suffit de proclamer bien haut sans réserves, avec une assurance fière et catégorique, l'erreur la plus grossière et la plus invraisemblable sottise — surtout quand l'invraisemblance se double d'une calomnie — pour qu'aussitôt erreur et sottise deviennent, sans le moindre contrôle, sans le moindre examen ultérieur, d'indéracinables articles de foi. Rien n'est plus difficile que de réformer, par la suite, un premier jugement faux, car la critique, incapable d'en établir un vrai, s'en empare immédiatement, et elle vivra sur lui et de lui, des années et des années, et des siècles, peut-être.

Que la vie est comique ! Je me souviens qu'un jour, mystifié par un paysan qui me montrait aux Damps, village du département de l'Eure, la petite maison rustique de M. Caro, et me racontait avec d'attendrissants détails, combien ce philosophe, qui passait pour galantin, était, au contraire, doué des plus rudes vertus champêtres, j'éprouvai aussitôt un désir de justice impatiente à réhabiliter la mémoire de cet homme calomnié, que d'impudents historiographes dépeignaient comme un ridicule penseur pour salons, une sorte de bouffon pour dames très riches... Intrépidement, sur le seul témoignage de cette petite maison, je représentai M. Caro, en blouse, en sabots, coiffé d'un bonnet de coton, la peau hâlée, les mains calleuses et brunies, remuant la terre d'un hoyau énergique, abattant les arbres à grands coups de cognée, poussant sa brouette pleine de crottin, n'aimant à rompre son pain bis, à partager son morceau de lard rance qu'avec les petits, dont il était l'idole secourable et fraternelle. Vous imaginez sans peine, n'est-ce pas ? jusqu'à quelle altitude de l'enthousiasme m'entraîna ce lyrisme vengeur, une fois déchaîné... Or, mon informateur, ce maudit paysan, s'était tout simplement trompé de Caro. Celui dont la maison campagnarde, couverte de chèvrefeuilles et de clématites sauvages, m'avait si poétiquement ému, n'était point M. Elme Caro, mais bien un autre professeur de philosophie, M. Ludovic Carrau, qui n'avait de commun avec l'autre Caro, avec l'illustre Caro, que l'assonnance du nom. Un peu honteux de mon emballement, je rectifiai, dès que je la connus, cette erreur. Bien inutilement, hélas ! comme vous le verrez... Un an après cette fâcheuse méprise, M. Jules Simon prononçait, à la séance publique et solennelle de l'Académie des sciences morales et politiques, l'éloge funèbre de M. Elme Caro. Quel ne fut pas mon étonnement et — le dirai-je, en dépit de la perversion de ce sentiment ? — ma fierté, d'entendre M. Jules Simon rééditer mon premier récit, en l'amplifiant de ses trémolos mouillés et de ses descriptions larmoyantes :

— Oui, Messieurs, pleura ce grand orateur, rectifions les légendes... imposons silence au mensonge... M. Caro haïssait les milieux mondains ; il ne détestait rien tant que les succès frivoles des salons... C'était un homme de la nature, et, disons-le sans crainte, presque un sauvage. Il habitait les Damps, hameau perdu dans les brousses d'un département lointain... Il vivait là... solitaire, inaccessible, dans une maison... que dis-je ?... dans une pauvre petite chaumière, dénuée de tout... Il n'avait de joie réelle que dans les durs travaux de la terre... et aussi dans le commerce, non des belles désœuvrées mais des êtres simples, dont il avait fait ses seuls amis, et que le soir, autour de l'âtre fumeux, il initiait, par des leçons à leur portée, à toutes les beautés de la vie morale... Il labourait, semait, plantait, éduquait... Voilà à quoi s'occupait cette philosophie galante... C'était un saint !...

Si bien qu'après ce discours, débité avec quelle généreuse conviction... et qui consacrait définitivement mon erreur et l'histoire, les Dictionnaires et les Encyclopédies ont dû, à l'article Caro, publier une biographie dans ce goût : « CARO (Elme-Marie)...., célèbre paysan français... etc... »

J'espère, pourtant, qu'en ce qui concerne Aristide Maillol, la première opinion de quelques-uns pourra aisément se réformer, et qu'aucun Jules Simon n'en perpétuera, plus tard, l'injustice. Je crois même que cette opinion s'est déjà modifiée... Après tout, il ne faut pas être pessimiste au point de nier qu'il existe encore, chez nous, des hommes de goût, et qu'ils exercent, sur la destinée des artistes et le classement des œuvres d'art, une influence directrice qui, pour être lente parfois, n'en est pas moins active et pas moins décisive. Plusieurs qui étaient imparfaitement informés ont, plus attentifs et mieux renseignés, fait taire leur septicisme, et, devant l'évidence, reconnu loyalement leur erreur. On ne doit pas s'inquiéter des autres. Les autres suivront les admirations repentantes, comme ils avaient suivi les dénigrements injustifiés, avec la même intransigeante ardeur, car il est dans le caractère immuable des autres, qui sont la masse molle et plastique, de suivre toujours quelqu'un ou quelque chose, et de montrer la même bonne foi, ignorante et candide, dans les divers états d'esprit par où ils passent.

Je comprends, d'ailleurs, leur erreur, et j'y suis pitoyable. Pour la plupart de ces amateurs et de ces critiques, une statue n'est belle, elle n'est vivante, elle n'est elle-même modelée qu'à la condition d'être déhanchée, désarticulée, et que les muscles soulevés, les os cerclant le torse et renflant la peau y mettent des accents dramatiques, des ombres dures et terribles... Au moins, cela se voit du premier coup. Mais une figure sans creux noirs, sans mouvements désunis, une figure au repos, pleine, un peu grasse, enveloppée de lumière douce et de reflets blonds, comment y reconnaître des plans, surtout s'ils sont justes, et s'ils sont nombreux, fondus, harmonieux, comme dans la vie ?...

VII

Mais, je pense qu'il est bien inutile de retenir les reproches si absurdement, si comiquement adressés à Maillol, encore plus d'y répondre... Répondre à quoi, d'ailleurs?... Et comment prouver qu'ils sont absurdes, ces reproches, et même qu'ils sont comiques?

En art, un critique ne peut, réellement, procéder que par affirmation. Or, toute affirmation dont il est impossible d'apporter la preuve suppose et appelle la dénégation. Un critique ne peut pas dire pourquoi une chose est belle; il peut dire seulement qu'elle est belle, sans plus, car la beauté est indémontrable en soi. Elle échappe au théorème, on ne l'explique pas, on ne la codifie pas, on la sent... Et de toutes les combinaisons psychiques, de tous les phénomènes nerveux qui affectent notre sensibilité et dirigent nos instincts dans un sens ou dans un autre, les sensations que produisent en nous les œuvres d'art, les préférences qu'elles déterminent, en faveur de telle forme, de telle ligne, restent les plus absolument secrètes à notre jugement. Dans son *Analyse de la Beauté,* Hogarth dit : « La beauté, c'est la ligne serpentine. » Un autre dit : « La beauté, c'est la ligne droite. » Et ils ont raison tous les deux. Il semble que, pour expliquer le plus ou moins de beauté d'une œuvre d'art, nous n'avons qu'une ressource : montrer les rapports plus ou moins intimes de cette œuvre avec la nature. Encore est-ce là une ressource tout à fait illusoire et arbitraire, car chacun nous avons ou nous pouvons avoir une conception différente de la nature, et cette conception particulière, nous la tenons pour seule bonne et pour seule vraie. C'est triste à dire, mais il n'existe pas une vérité en art ; il n'existe que des vérités variables et opposées, correspondant aux sensations également variables et opposées que l'art éveille en chacun de nous. La beauté d'un objet ne réside pas dans l'objet, elle est tout entière dans l'impression que l'objet fait en nous ; par conséquent, elle est en nous. Et alors, comment fixer une loi générale de beauté, parmi les impressions si diverses, et le plus souvent si contraires ?... Comment établir une vérité stable parmi toutes ces pauvres vérités flottantes, qui s'en vont à la dérive de nos sensibilités ?

Il n'est de vraiment beau, de seulement beau, que ce que nous sentons être beau... Et nous avons le devoir, non de démontrer ce beau, puisqu'il est indémontrable, mais de l'affirmer hautement, violemment, puisque c'est quelque chose de nous que nous affirmons, en l'affirmant, quelque chose de notre personnalité morale que nous exaltons et que nous défendons, en l'exaltant et le défendant.

Donc, je sens la beauté dans toute l'œuvre de Maillol ; je l'y sens plus qu'en aucune autre. Et cette beauté, que je sens sans pouvoir l'expliquer, que je sens profondément, stupidement, je ne la sens pas seulement dans l'ordonnance imaginative, par conséquent dans le goût qui décore l'œuvre, je la sens aussi dans cette perfection du métier, dans cet équilibre dynamique, dans cette justesse réaliste, dans cette abondance de modelés savants, d'ombres et de lumières, si délicatement, si innombrablement distribués sur les surfaces, qu'ils animent, au point de leur communiquer la chaleur réelle de la vie... Loin que Maillol ait servilement copié les Grecs, je découvre en lui, davantage, chaque jour avec plus de certitude, les signes d'un tempérament très original et très rare, très puissant et très pondéré, très clair surtout... Il m'apparaît qu'il n'a subi aucune influence de musée, qu'il ne s'est soumis à aucune discipline d'école... Il s'est influencé et discipliné soi-même, à la vaste et féconde école de la nature. Ce fut son seul atelier et son seul musée... S'il a copié quelque chose ou quelqu'un, c'est la nature, c'est l'univers, et c'est lui-même. Sans répudier l'art existant avant lui, sans rejeter les traditions séculaires qui l'ont formé, comme elles formèrent tous les hommes, y puisant même les leçons indispensables, qu'il soumettait, ensuite, au contrôle de la

nature, il a fait son œuvre, une œuvre indépendante, qui exhale un fort parfum de terroir, une œuvre bien à lui, et bien lui, une œuvre qui ne doit aux autres que ce que, tous, nous devons à ceux qui travaillèrent, inventèrent, créèrent et pensèrent avant nous. Comme Auguste Rodin, qui, de son grand génie dominateur, renouvela toute la sculpture, il a nettement compris que si l'art peut être et est variable à l'infini, la forme, elle, demeure impérieusement *une,* à travers toute la vie, et toutes les vies... Et il en est resté à cette vieille définition toujours jeune de la forme : *le contour,* qui limite l'étendue de l'objet, *le modelé,* qui en accuse le relief... Or, dans la brièveté de cette définition, c'est toute la sculpture, et ce que la sculpture, par-dessus tous les autres arts, sans le secours de l'illusion et l'infériorité du trompe-l'œil, contient de précision, de réalité tangible, d'universalité, d'éternité...

VIII

Aristide Maillol partage son existence obscure, fidèle et passionnée, entre Banyuls, où il passe l'hiver dans la maison natale, et Marly-le-Roy, où il demeure durant le printemps et l'été. A Banyuls, à force d'économie ingénieuse, il s'est, peu à peu, outillé, pour n'avoir à recourir que le moins possible aux industriels, souvent peu scrupuleux, qui font métier de reproduire les œuvres des artistes, et, le plus souvent, les déforment. Il s'est offert le luxe de toute une installation de moulage, afin de conserver ses études et qu'il ne lui arrive plus cette mésaventure douloureuse de les perdre à jamais... Il s'est aussi construit un four, où il cuit ses terres, ses pots, ses pièces de céramique ornementale, quand la fantaisie le reprend de revenir à ces travaux d'ouvrier qui le passionnent toujours, et qui entretiennent sa souplesse, son adresse de main, sa précision. Un jour, un amateur, bien intentionné, mais ignorant, comme ils sont presque tous, lui reprochait amicalement de perdre son temps à ces menues choses.

— Comment ? répondit Maillol, ces menues choses ?... Où prenez-vous qu'un vase, par exemple, soit une menue chose ? Vous êtes vraiment extraordinaire, mon cher Monsieur... Modeler un vase, un simple pot, un humble pichet, une bouteille... ou modeler un sein, un torse, un jeune ventre, une cuisse ronde de femme... mais c'est la même chose... et vous n'avez pas l'air de vous en douter... Qu'est-ce qu'un vase ?... C'est cela, c'est tout cela... c'est le sein, le torse, le ventre, la cuisse, la hanche, la croupe... c'est le beau fruit..., c'est le bulbe avec son mystère sexuel..., c'est la capsule fécondée de la fleur... Et si je vous disais qu'il n'est rien de plus noble, rien de plus émouvant qu'une betterave ?... Mais oui !... En modelant un vase... j'apprends et je comprends la forme humaine qui se répète à l'infini, dans la flore, dans la montagne, dans le ciel, autant qu'en modelant une figure..., car la forme humaine est antérieure à l'apparition, sur la terre, de l'homme, qui n'a eu, pour se donner une apparence d'équilibre, d'harmonie, de beauté, qu'à se copier fidèlement, dans les formes, vivant, grouillant autour de lui, dans les splendeurs primitives de la nature.

Entre-temps, le matin, dès l'aube levé, le soir dès que s'apprête à se coucher le soleil, il soigne ses vignes et cultive son petit jardin... Car, autant que d'être un sculpteur, Maillol s'enorgueillit d'être resté un jardinier, un paysan pratiquant... mais un paysan idéal qui, dans tout ce qu'il touche, dans la fleur qu'il frôle, dans le légume qu'il arrache, dans le fruit qu'il cueille, dans la graine qu'il livre au sol, trouve sans cesse matière à réflexions, à observations, à émerveillements, où l'artiste se magnifie et s'exalte par l'intimité permanente de son âme avec les forces, avec les formes de la vie...

Je vais quelquefois à sa maison de Marly-le-Roy... A mi-coteau, au milieu d'un jardin exigu et non clos, où s'attardent, cà et là, de très vieilles plantes, depuis longtemps exilées des jardins somptueux, seule, au bout d'un sentier qui se perd dans l'herbe et ne mène plus nulle part, la petite maison vous attend et vous appelle... Elle est charmante et confiante. Une palissade de bois, qui se trouve là comme par hasard, n'en défend même pas l'approche... La porte est ouverte ; un chat dort sur la marche... On entre... Trois pièces claires, d'où l'on voit, par les fenêtres toujours libres, entre les branches fleuries et balancées des pommiers, de jolis paysages en escalade, des villas blanches, des toits rouges épars dans les touffes de verdure... et c'est tout... Mais, si petite qu'elle soit, la petite maison est hospitalière aux amis. Son accueil est simple, souriant, joyeux, comme celui des êtres exquis qui vivent sous sa protection, dans l'affection la plus étroitement unie, et dans le travail... Dès qu'on en a franchi le seuil, on est vraiment *ailleurs*... Toute l'atmosphère s'y parfume de cordialité rare, tant l'on se sent, tout d'un coup, délivré des sottes conventions sociales, des embûches, des traquenards, des froids mensonges de la vie, de la vie d'artiste, surtout... Et puis, quoiqu'il n'y ait pour ainsi dire rien dans cette maison, que le mobilier s'y réduise à l'indispensable, le goût qui l'orne vous frappe, vous retient et, l'on ne sait pourquoi, vous émeut...

J'ai connu une sorte de poète mystique, par conséquent fou, qui me disait :

— Comment pouvez-vous vivre parmi des meubles réels ?... Moi, je ne possède pas un meuble, et ces meubles que je ne possède pas sont d'une richesse et d'une splendeur inconnues... car, sur les murs nus et dans les salles entièrement vides, je les renouvelle et les admire comme d'extraordinaires et changeantes projections de moi-même...

Maillol pourrait presque en dire autant, et sans folie. Il a le don merveilleux de projeter de la grâce autour de lui... Il ne saurait placer un objet quelconque quelque part sans que cet objet prenne aussitôt de l'importance, de la noblesse, une séduction à laquelle on ne peut échapper... Il vit entouré de beauté, avec rien du tout... Sur la cheminée une statuette, et, derrière, l'enveloppant de tons très doux, un bout d'étoffe ancienne accroché au mur ; çà et là, une bouteille de grès, un pichet de terre brune, un vieux pot campagnard, grossièrement vernissé, mais de forme admirable, un vase à long col, où s'élance une fleur... Sur les murs, des souvenirs d'amis, une précieuse étude de Vuillard, une spirituelle, incisive imagerie de Bonnard, un tendre et fin paysage idyllique de Roussel, une aquarelle de Valtat aux lignes courbes, d'une exquise et ferme souplesse, une petite toile familiale de Maurice Denis... Seule, au milieu d'un panneau nu, une épreuve magnifique du *Bon Samaritain*, de Rodolphe Bresdin... A la place d'honneur, sur le buffet, un puissant plâtre de Rodin... Il n'en faut pas davantage à Maillol pour se créer un véritable faste, et comme ne sauront jamais en donner l'idée les lourds salons bourgeois, malgré l'insolence disparate de leurs richesses, le fracas de leurs dorures, et les millions de leurs objets d'art... Et vous voilà, tout de suite, à l'aise, en confiance, parmi ces choses amicales... Votre œil s'y rafraîchit, et votre âme s'y dispose à recevoir la joie calme, qui est partout, dans cette petite maison...

Un jour, j'arrivai chez Maillol au matin. Il était dans son atelier, une des trois pièces de la maison, aussi petite que les deux autres. L'atelier ne contient que des instruments de travail, des selles de sculpteur avec des figures en train, enveloppées de linges humides, puis un établi avec un étau et au-dessus des rangées d'outils aux manches luisants, pour façonner le bois, le marbre, la pierre, le métal : des gouges, des limes, des burins, des ciseaux, des marteaux. Courbé sur son établi, la chemise ouverte, les bras nus, je le trouvai qui ciselait un bronze, revenu, la veille, de la fonte. Il y mettait une ardeur, un acharnement presque furieux... Et une fine poussière de métal brillant s'envolait de la lime, retombait, en pluie d'or, sur le plancher, autour de lui...

— Voilà, me dit-il. Je suis obligé de refaire entièrement ce bronze... Et j'en ai pour quinze jours de dur travail, au moins... Comme c'est gai, hein ?... Car, enfin, ce bronze, je l'ai vendu... je ne puis pourtant pas le livrer ainsi au brave homme qui me l'acheta, pas plus que je ne voudrais le laisser voir à personne tel qu'on me le rapporte de la fonte... Il n'existe plus..., il est hideux. Tout le monde dirait que je ne sais pas le premier mot de mon métier... Ah ! les cochons !...

Il desserra la figure de bronze d'entre les mâchoires de l'étau... et la plaça à côté du modèle en plâtre, sur l'établi...

— Tenez !... voici le modèle... comparez !... Si c'est Dieu possible !... Ah !... les cochons !...

Je regardai le plâtre... C'était une des figures les plus parfaitement exquises que la sculpture humaine eût encore réalisées jusqu'ici... Un chef-d'œuvre de grâce, un miracle de vérité et de vie... Très droite et debout, la tête un peu tournée à gauche, et le cou, les épaules, le corps suivant le mouvement de la tête, les bras mollement pendants, relevant d'une main, à peine, la fine draperie qui l'enveloppait et se collait çà et là à des

formes merveilleuses, elle semblait marcher, avec une lenteur adorable et douce... L'attitude, le gras de la chair, le vivant frisson de la peau, la délicatesse amoureuse des contours, le charme qui, partout, la caressait et se caressait à elle, la souplesse en même temps onduleuse et droite et auguste de ses mouvements, je ne puis les rendre par des mots... Je ne pus pas davantage exprimer à Maillol l'impression d'absolue beauté que cette statue fit en moi...

— Comme s'est beau !... dis-je, simplement, stupidement, ne trouvant pas autre chose à dire.

Et peut-être n'y a-t-il rien d'autre à dire, et que celui qui veut décrire son plaisir et expliquer son émotion, dit des choses infiniment plus bêtes que ce balbutiement enfantin mais sincère.

Maillol répondit :

— Oui, je suis sûr que le modèle est bien... du moins, je suis sûr qu'il est juste... Mais ça !

Et il désignait la figure en bronze d'un geste colère :

— Ça, reprit-il... c'est dégoûtant !... Il n'y a pas d'erreur... Tenez !... tout ce qui est en creux dans le plâtre est en bosse dans le bronze, et réciproquement... Alors, ça ne signifie plus rien... ça n'est plus rien... Mais voyez donc si je plaisante... sur ces plans que j'ai étudiés avec une patience, avec un scrupule que vous ne pouvez pas savoir... sur ces parties que j'ai faites lisses et rondes... regardez ces paquets de cordes... ces rugosités horribles, cette éruption de petite vérole... C'est à ne pas croire !...

Sa main glissait, courait sur le métal, le palpait, semblait le pétrir de ses doigts irrités :

— Tenez, là... il manque un morceau... Mon Dieu, oui !... rien que cela... Et il n'y a plus de forme, nulle part... rien que de la forme désunie, incohérente... C'est comme si un typographe composait une phrase de Flaubert ou de Renan, avec des mots sans suite, au hasard de la levée, au petit bonheur... Eh bien, il font des choses pires encore... L'autre jour, n'avaient-ils pas coupé le talon d'une de mes figures, sous le prétexte qu'il leur paraissait trop long... C'est comme ça, aujourd'hui... Autrefois, le bronze était à peu près fidèle... du moins on y reconnaissait son travail... Maintenant... va te faire fiche... Ce qui nous revient de la fonte est aussi peu votre œuvre, que le marbre mis au point, confié au praticien... Heureux encore, ma parole, quand on leur a donné une femme nue, qu'ils ne vous rendent pas un militaire avec un drapeau, un cheval cabré, ou une serrure modern-style... On devrait tout faire soi-même, aujourd'hui... Il n'y a plus d'ouvriers... Enfin, voyons, l'ouvrier français, si compréhensif, si souple, si précis, si sensible, où est-il ?...

— Il n'y a plus d'ouvriers, parce qu'il n'y a plus de patrons...

— Et il n'y a plus de patrons, parce qu'il n'y a plus de goût... C'est bien cela... Tout se tient...

Il ramassa, sur l'établi, une pincée de poussière métallique, et la roula quelque temps entre ses doigts...

— Et qu'est-ce que ce bronze-là ?... De la saleté... naturellement...

Tout cela dit, vivement, avec un accent méridional qui donnait à sa colère une expression de comique pittoresque et joyeux...

Il replaça la figure de bronze dans l'étau qu'il serra avec une sorte de rage, et, tout en travaillant, il continua ses récriminations.

— C'est comme la terre à modeler... Elle est généralement impossible... On ne la fond pourtant pas, elle... Un brave type qui vous achète une terre cuite s'imagine qu'il va posséder la fleur de votre travail. Aussi, n'hésite-t-il pas à la payer plus cher... Eh bien ! il se trompe... il ne possède rien du tout, le pauvre type... Et le plus drôle, c'est qu'il ne s'en doute pas... Mais ce n'est point une raison pour le duper... Les terres que l'on vous fournit, dans le commerce, sont, la plupart du temps, mauvaises, abominablement mauvaises... Elles rétrécissent au feu ; souvent, elles se fendent, presque toujours elles s'affaissent et coulent, par conséquent désunissent les contours, avachissent et durcissent le modelé... De la vraie cochonnerie, quoi !... Si je vous disais que j'en ai

trouvé qui contenaient quinze pour cent de savon noir ?... Ma parole d'honneur !... Qu'est-ce que ça lui fait, au commerce ?... Vous lui demandez de la terre ?... Eh bien, il vous en donne... n'importe laquelle... Que voulez-vous de plus ? Si elle cuit mal, se boursoufle comme une peau brûlée, ou fond comme un morceau de lard... si de la figure que j'ai travaillée, avec passion, avec méthode, elle me rend une caricature informe... Ça ne le regarde point... Il n'est pas dedans, n'est-ce pas ?... La couleur qui blanchit ou noircit à l'air, la teinture qui se décompose à la lumière, il n'est pas dedans, non plus... Parbleu !... je le sais bien... C'est moi qui suis dedans... Ah ! c'est du propre !... Par bonheur, j'ai découvert, près de Banyuls, un petit gisement d'argile plastique épatante — elle se tient merveilleusement à la cuisson... reste grasse, souple, fidèle à l'artiste et à elle-même... devient dure comme du fer... et, par surcroît, elle est d'un ton admirable... Brave terre !... Oui, mais quand j'en manque ?... Et les autres, qui n'ont point l'idée de fouiller le sol, qu'est-ce qu'ils font ?... Après tout, on n'est pas des géologues, hein ?

Il demeura quelques instants songeurs, après quoi, plus calme, presque triste, il dit :

— J'ai peut-être tort de tant m'énerver à chercher toujours la bonne matière qui doit éterniser l'œuvre d'art et la transmettre intacte aux siècles à venir... Quelquefois, j'ai éprouvé, vraiment, une sorte de mélancolie douloureuse en regardant un tableau, une statue, un vase, un bijou... Leur fixité m'impressionnait... me gênait, me glaçait l'âme, à cause de la mort organique qu'ils portent en eux. Et je me suis demandé si ce n'est point par un sot égoïsme, par un bas orgueil, que nous nous acharnons à les vouloir durables... Ce qu'il y a de joli, de précieux, d'émouvant, de véritablement dramatique, dans la vie, c'est qu'elle passe... Nous ne nous passionnons pour un être, pour une chose... que parce que nous les savons mortels... Sans ça !... Une femme passe et s'en va... Un nuage passe et s'en va... Un reflet passe et s'en va... Un coucher de soleil n'a qu'une minute glorieuse, et s'en va... Tout s'en va... Peut-être nos œuvres, les plus parfaites de nos œuvres, devraient-elles n'exister qu'une minute, elles aussi, s'en aller comme toutes choses... et ne laisser d'elles que le souvenir vague et délicieux que laissent dans notre esprit, au retour d'une promenade, une fleur... un vol d'oiseau... un beau ciel... la rencontre d'un regard humain, le balancement d'une vague... l'oscillation d'un torse rond sur des hanches flexibles et voluptueuses... Que sais-je? tout... tout ce que nous avons vu... que nous avons frôlé... et que nous ne reverrons plus que par le souvenir... Le souvenir... au fond... voyez-vous... c'est toute la vie... Croyez-vous que nous aimerions quelqu'un ou quelque chose dont nous saurions qu'ils ne doivent jamais mourir ?...

Mais ces crises de mélancolie neurasthénique sont extrêmement rares chez Maillol... La saine rectitude, l'activité surtendue de son esprit ont vite fait de les dissiper...

J'ai toujours remarqué, au contraire, que ces questions du choix, de l'emploi de la matière, pour une œuvre d'art, le tourmentent, le passionnent, comme une grave question de conscience. Je crois bien que ce sont les seules à propos de quoi sa sérénité habituelle se trouble et se change vite, en irritations parfois excessives, mais si pittoresquement sincères, toujours... Par là se révèle le bon ouvrier qu'il est, qu'il fut constamment, et que doit être, avant toutes choses, un artiste...

IX

Maillol se fait une idée très haute de la mission éducatrice de l'ouvrier, qui travaille de ses mains et dont l'intelligence mène la main... D'après lui, l'ouvrier est, sinon tout à fait le créateur, du moins le vulgarisateur conscient et responsable de tout le goût d'une époque, l'adaptateur d'un état d'esprit, d'un état de beauté déterminé aux formes sensibles qui les représentent, qui les matérialisent, pour nos besoins et pour nos plaisirs... Mais il se rend très bien compte que la hâte de vivre, de plus en plus fiévreuse, le développement incessant de la production, les évolutions économiques, l'accès, de plus en plus impatient et légitime, de tout être humain aux jouissances du bien-être et du luxe relatif, que tout cela ait modifié profondément la fonction sociale de l'ouvrier... Autrefois, l'ouvrier soumettait et disciplinait les forces ; aujourd'hui, il est soumis et discipliné par elles. Les ingénieurs l'agitent, et les machines le mènent... Et il est devenu, lui-même, une sorte de machinisme, de sous-machinisme, obéissant et passif, que pousse et dirige l'impulsion aveugle des énormes machines, lesquelles, à leur tour, sont mues par une sorte de divinité aussi invisible et toute-puissante mais plus humainement vérifiable que la divinité des religions : la science... Maillol ne va pas là contre, et ne s'épuise point en regrets stériles, car bien que « gréco-latin », n'est-ce pas ? il est de son temps, et que cela lui semble harmonieux, sinon nécessaire, à l'idée que tout le monde se fait actuellement du bonheur de l'humanité... Mais il souhaiterait ardemment que, de ce nouvel état de choses, encore bien confus, il est vrai, surgît une beauté nouvelle... Or, cette beauté nouvelle que l'on cherche, à travers tant de débris anciens, tant de tâtonnements, tant d'avortements, personne ne l'a encore trouvée... Et pourtant, elle existe quelque part... car la beauté est partout et en tout...

Une fois que nous nous entretenions de ces choses, Maillol dit gravement :

— En attendant, l'ouvrier — notre admirable ouvrier français, qui a laissé partout sa trace glorieuse, qui a inscrit sa signature de grâce et de force sur les monuments et jusque sur les plus humbles meubles des siècles passés — l'ouvrier que nous avons perdu, à jamais, peut-être... eût dû trouver un refuge dans l'artiste du moins, continuer sa personnalité morale et sociale dans l'artiste... Ah ! bien oui !... C'est le contraire qui a lieu, et l'artiste, comme l'ouvrier, sans l'excuse des mêmes fatalités économiques, s'est entièrement soumis aux lois conquérantes, niveleuses, du machinisme expansif et brutal... Voilà qui me paraît une vraie et déplorable déchéance... Et tenez... puisque nous parlons de l'ouvrier français... Tant bien que mal, il existait encore sous le second Empire... Il n'y a donc pas si longtemps qu'il a disparu... On raconte, à ce propos, que ce brave William Morris, qui, non content d'avoir inventé Burne-Jones, et de nous restituer, dans des typographies d'un gothique hargneux, les antiques poésies scandinaves, se mit à créer le mobilier anglais moderne — le diable l'emporte ! — ce qui nous valut, par la suite, tout ce débordement de hideurs modern-style, car la Belgique s'en mêla, naturellement, et, naturellement, surenchérit... et l'Allemagne, aussi parbleu !... et Vienne, donc !... Oui..., eh bien, on raconte que ce fâcheux William Morris ne put vraiment exécuter ses conceptions mobilières qu'après la Commune... Et voici pourquoi... Il ne trouvait pas, en Angleterre, d'ouvriers anglais assez habiles pour les réaliser... Il lui fallut embaucher les réfugiés parisiens, échappés aux massacres de M. Thiers et de M. de Galliffet... Evidemment, l'art de William Morris est fort discutable, et je ne propose pas à l'admiration des siècles futurs qu'on fasse coucher d'excellents bourgeois dans des chambres baroques, simulant le fond de la mer, avec des algues de velours ondulant aux quatre murs... Non... Mais pour rendre cet art-là à peu près acceptable, pour le débarrasser, autant que possible, de ses lourdeurs, de ses incohérences bizarres, qui faisaient des chambres à coucher de William Morris de véritables chambres à coucher dehors, il y avait un tour de main, une précision, une légèreté jolie, dans le façonnement, une sorte de goût, enfin, que, seuls, les ouvriers français possèdent, et qu'ils pouvaient lui donner.

Il haussa le ton et reprit, après un court silence :

— L'ouvrier — cet ouvrier-là — est mort... Il devait mourir, n'ayant plus rien à faire dans une société de machines et de grands magasins... Je ne parle pas de quelques pauvres diables de survivants, serruriers préhistoriques, menuisiers-fantômes, qu'on rencontre çà et là, au fond des provinces, et qui, bien qu'ayant hérité les vertus professionnelles des anciens, ne parviennent pas à vivre de leur métier... car, pour ne point absolument mourir de faim, ils sont obligés de s'utiliser comme hommes de peine, bedeaux ou croquemorts... Ils sont morts, c'est entendu... Ainsi le veut le progrès... Mais — on dira tout ce qu'on voudra — ce que le progrès ne veut pas, ce que je n'admets absolument point, c'est qu'un sculpteur, par exemple, puisse se vanter d'être artiste complet, s'il n'est d'abord, avant tout, un parfait ouvrier manuel... c'est-à-dire un dompteur de la matière... Evidemment, c'est très bien de modeler sa terre et, une fois modelée, de la confier au bonhomme qui la cuit dans son four, au fondeur qui la fond en bronze — vous avez vu comment ? — au mouleur qui la moule en plâtre... Mais, c'est mieux, je vous en réponds, de tailler sa figure, bravement, soi-même, à même le bloc de pierre ou de marbre... Or, aucun ne le fait, aucun ne sait le faire... et il faut que ce soit une femme, Mlle Claudel, qui leur donne à tous, de temps en temps, cet exemple magnifique, que personne ne suit, d'ailleurs... « C'est fou, disent-ils... et à quoi bon ? » Mais c'est la santé, la noblesse, la grandeur de notre métier... Ils ne comprennent donc pas cette joie forte, puissante, grisante, créatrice, qu'un bon manche de maillet fait circuler généreusement, du bras au cœur,

et du cœur au cerveau ?... Du reste, la plupart d'entre eux ne modèlent même plus... C'est fou aussi, sans doute, et à quoi bon se salir les mains à rouler sa petite boulette de terre, entre les doigts... quand on peut si bien faire autrement ?... La force des choses veut qu'ils ne soient même plus des sculpteurs, mais de véritables entrepreneurs de sculpture... Ils accaparent les commandes de l'Etat, trustent les bustes, les tombeaux des grands hommes, les portraits des belles dames, et les monuments publics que la générosité des départements élève à la gloire *rigolote* des généraux et des sénateurs... Drôle de métier, tout de même... Puis, dans leurs vastes ateliers, transformés en usines, gainés de la longue blouse de toile écrue, le col ouvert, la cravate flottante, une cigarette aux lèvres, ils suivent, des divans où ils sont mollement étendus, le multiple travail de leurs élèves, et des pauvres bougres de sculpteurs sans ouvrage, embauchés, pour la circonstance, à bas prix... Ah ! c'est beau à voir !... Quelquefois, ils daignent rectifier un modelé, ou bien indiquer, du bout des doigts où la fumée de la cigarette s'envole en tourbillonnant, un mouvement à quoi se reconnaîtra, s'attestera l'illustre manière du maître... Puis, la chose terminée, avec cette élégance, en avant le metteur au point, en avant le praticien !... Et, vite, vite, à un autre monument !... La farce est jouée...

J'objectai qu'il fallait bien en passer par tous ces collaborateurs, par tous ces intermédiaires, la vie d'un homme ne suffisant pas, à elle seule, pour assurer l'exécution de tant de travaux...

Maillol riposta :

— Eh bien, qu'ils n'acceptent de travaux que ce qu'ils en peuvent faire par eux-mêmes... Rien de plus simple... Verriez-vous, par hasard, un inconvénient à ce qu'il y eût moins de statues sur nos places et dans nos jardins ? Au lieu des trois mille bustes, et des cinq cents monuments que peut livrer une maison de sculpture, bien achalandée — solidité, célérité, ressemblance — qu'ils en fassent vingt, mais qu'ils les fassent... et qu'ils les fassent beaux, autant que possible...

Quant à moi, j'ignore ce que l'avenir me réserve, et si jamais il viendra à l'esprit d'un Etat ou d'un particulier de me confier un travail quelconque... Mais si grand qu'il soit, quelque dures fatigues que j'en aie... quelque temps qu'il me faille y mettre... je vous assure bien que je ne laisserai à personne le soin de l'exécuter à mon lieu et place !... Ah ! non, par exemple... Et cela, pour deux raisons également fortes... D'abord, c'est strictement honnête, il me semble ?...

Il redevint gai, tout à coup, presque gamin, car, sans doute, il se voyait devant un grand bloc de marbre, un bon marteau à la main, et il ajouta :

— Et puis, c'est si amusant !... Dire qu'il y a des gens pour qui le travail, en général, est comme un pensum, pour qui le travail manuel est une honte !... Comment peuvent-ils vivre ? C'est drôle.. D'ailleurs, tout est drôle... J'ai connu, autrefois, un certain petit hobereau... Il était très bête ; à peine, s'il savait lire et écrire... aussi, se montrait-il très fier et fort méprisant, comme de juste... Jamais il n'eût consenti à tendre sa noble main à un ouvrier, à quelqu'un qui forge le fer ou rabote le bois... Eh bien, il avait installé un tour dans le grenier de son château... et, toutes ses journées, il les passait là, à tourner, tourner, tourner des coquetiers et des boules de buis... C'est lui qui réparait ses serrures, et donnait du jeu à ses portes... J'y repense souvent...

Et Maillol riait, au souvenir du petit hobereau. C'était toute une évocation de son enfance... la maison... là-bas... les criques bleues, et les sentes, entre les vallons fleuris, où un petit garçon allait, taillant, avec son couteau, dans une racine d'olivier, des figures naïves de bergers et de chiens.

X

Je crois avoir donné sur le caractère d'Aristide Maillol et sur son œuvre des indications trop sommaires, certes, mais, pour le moment, suffisantes... Si elles décident quelqu'un, un être de bonne volonté et de bonne foi, à se familiariser avec ce très précieux artiste, si elles suggèrent à un fonctionnaire des Beaux-Arts le geste, hélas ! improbable, anticonstitutionnel, peut-être — mon Dieu ! il est bien permis de rêver un peu — de délaisser, quelques heures, son rond de cuir et de pérégriner vers la petite maison de Marly-le-Roy, j'en serai infiniment heureux, et mon but aura été atteint. Car il est tout de même affligeant et dérisoire qu'un tel homme soit encore à peu près ignoré, et qu'on se heurte toujours à tant de gens, dont l'art est la mission sur la terre, qui, lorsqu'on leur demande : « Avez-vous vu la dernière statue de Maillol ? », vous répondent, en écarquillant les yeux comme s'ils revenaient de la lune : « Où ça, Maillol ? Qui ça, Maillol ? » Inculquer à ceux qui sont capables de comprendre, de goûter cet art fort et charmant, savant et simple, le désir de le connaître et de l'étudier, je n'ai pas eu d'autre prétention ici. Je n'ai pas eu, davantage, l'intention prématurée — bien que la production d'Aristide Maillol, si entravée qu'elle ait pu être, par le manque d'argent et de commandes rémunératrices, soit déjà considérable, et que, dans un autre temps, sous d'autres mœurs, elle eût suffi à le rendre illustre — d'en dresser un catalogue raisonné, avec des dates plus ou moins exactes et des descriptions plus ou moins fidèles. D'abord, je ne sais trop pourquoi, mais un catalogue me cause toujours l'impression gênante d'appartenir à quelque solennité mortuaire ; je trouve qu'il ressemble à une lettre de faire-part. Et puis, Maillol, en pleine force de jeunesse, en pleine ardeur de travail, a, devant soi, tout un long avenir, toute une longue suite d'œuvres à créer. Il faut attendre... Ce travail, d'ailleurs, sera fait plus tard, avec tout le soin, tout le détail qu'il mérite... Il sera fait, peut-être... — ah! qui sait! — par quelque membre de la Commission Zola, par celui qui protesta le plus contre la candidature de Maillol, en assurant qu'étant Grec, Latin, Gréco-Latin, Assyrien, Cambodgien, Maillol ne saurait pas faire la redingotte nécessaire à tout monument moderne.

Volontairement, j'ai donc laissé dans l'ombre, bien des choses, afin de laisser aussi la joie de la découverte et de la surprise à ceux-là qui auront l'idée d'augmenter leurs sensations esthétiques de la sensation nouvelle qui les attend devant les œuvres de Maillol... Et puis, je l'avoue, je sens mon impuissance à les décrirent. Les mots ne rendent pas la beauté mystérieuse des lignes ; il est impossible d'enclore dans une phrase, où chacun, d'ailleurs, voit ce qu'il veut, la grâce d'un contour et le frémissement d'un modelé. Ils verront, non par moi, mais par eux-mêmes, que Maillol n'est pas seulement le sculpteur de la femme que j'ai décrit, hélas ! si imparfaitement, si lourdement et, sans doute, si arbitrairement, et que son imagination, sa sensibilité, sa compréhension, très haute et plus générale de la vie, sa science d'ouvrier génial, se trouvèrent maintes fois aux prises avec tout ce que la nature, abondante, multiple, peut offrir d'intéressant et de passionné à un esprit réfléchi, visionnaire et ardent tel que le sien. Ils verront, par exemple, parmi tout un peuple de grâce et de souple jeunesse, un buste de vieille femme, étonnant de caractère, de vérité et de simplicité humaines, sous la coiffe paysanne qui lui enlinceule, de plis raides, le visage resté pur et beau malgré l'affaissement de la chair, un visage comme, tant de fois, ils en rencontrèrent dans les petits pays, ce visage actif et dodelinant des petites vieilles assises au travail, derrière des vitres glauques, ou sur le pas des portes, le soir... Ils verront que Maillol peut tout exprimer avec la même force, éloquente et simple : la douleur, la tristesse, la mélancolie, aussi bien que la volupté et la joie, la mort aussi bien que la vie. Et je me souviens — avec quels regrets ! — d'un des projets qu'il avait conçus pour le monument d'Emile Zola, et dont l'une des grandes figures symbolisait l'affaire Dreyfus, non par une plate et froide allégorie, mais, par tout ce que peut contenir de grandeur sombre et de déchirante angoisse, un drame social, un drame humain, comme fut celui-ci... Ils verront encore couché sur une planche, dans un coin de l'atelier, et oublié là, comme une pièce de rebut, à côté d'une série de plâtres exquis, qui attendent la métamorphose du bronze ou du marbre, ils verront — s'ils ont l'idée d'en soulever la poussière qui le recouvre — un incomparable morceau de céramique, le plus beau, peut-être, de ce temps, malgré un menu défaut de cuisson, le plus beau que j'aie vu, à coup sûr... C'est une grande fontaine en faïence, dans le goût des fontaines hollandaises, construite, modelée, émaillée, cuite par Maillol, dans son four... Le couvercle arrondi, bordé de gaufrures légères et sinueuses, est sommé d'une figure nue, une femme agenouillée, de profil, dans un ramassement adorable de tout son corps. Le récipient bombe comme un torse souple et respirant. Au centre, inscrites dans un médaillon, à l'ovale gracieux, deux femmes, nues aussi, en relief, d'un émail laiteux, très doux, presque mat, jouent avec des fleurs, et se détachent, parmi les jolis et fins décors où le bleu pâle se mêle au violet clair, comme dans la fleur admirable du delphinium. Au-dessous, sur la cuvette oblongue et profonde, aux abords élégamment infléchis, curieusement gaufrés, courent, s'enlacent et se déroulent entre des figures au trait, les mêmes arabesques déliées, agiles qui répètent le bleu pâle et le violet clair du récipient... Et c'est une merveille d'architecture et de décoration, un enchantement de lignes grasses, pleines, de modelés légers et vibrants, et, sur les blancheurs mates du fond, un effleurement, une caresse de bleu tendre, ce bleu si délicatement lavé qu'ont aussi les petites pervenches, dans les bois, et les

plumbagos du Cap. sous le soleil... un objet, enfin, digne de figurer, à la meilleur place, dans la plus précieuse vitrine d'un musée...

Mais, me voilà de nouveau parti à la poursuite chimérique de l'impossible : c'est-à-dire à vouloir donner, d'une œuvre d'art, une représentation matériellement visuelle et réellement tangible... Et, dans mon désir, si bien intentionné, de rendre sensible à celui qui me lit, par des formes évoquées, la beauté de l'art de Maillol, je ne m'aperçois pas que, non seulement je ne le convaincs ni l'intéresse, mais que je le rebute totalement, à moins que je ne l'irrite, d'une manière irréparable, contre la beauté, en général, et contre le pauvre Maillol, en particulier... Et je ne m'aperçois pas que, loin de lui suggérer une idée claire, même une idée quelconque de ce que peut être le charme, à la fois si puissant et si doux, de cette sculpture, je l'égare, comme à plaisir, en un fouillis de phrases inextricables où il n'a plus, lui, qu'une idée très nette : en sortir au plus vite.

Et je suis, en ce moment, pareil à ce malheureux peintre, détraqué par toutes les impuissantes folies du symbolisme, que je raillai si cruellement, autrefois, et qui, pour exprimer l'immense solitude et l'immense détresse d'une âme désolée, voulait, avec de la pâte sur de la toile, fixer, dessiner, peindre dans une campagne absente et sous un ciel évanoui, l'aboi d'un chien perdu, on ne savait où, et qu'on ne voyait pas... Pareil aussi à ce critique, dit musical, lequel, rendant compte de l'*Henri VIII* de M. Camille Saint-Saëns, écrivait sérieusement ceci :

« A ce moment, les petites flûtes expriment, très clairement, par des modulations graduées et bien conduites, tout ce que le cœur du roi contient de ruse sournoise et violente, alors que les hautbois, dominant les petites flûtes, de leurs sonorités pleines et paisibles, nous montrent, réelle photographie d'une parfaite ressemblance, son visage hypocritement calme et souriant. »

Ce volume, dont l'impression a été interrompue par la guerre, a été achevé d'imprimer le 5 septembre 1921. Il a été tiré sur les presses de Bénard, à Liége. Les héliogravures sont de Fillon, d'après des photographies de Druet.